Montags könnt ich kotzen

AF176569

SPRÜCHE UND LEBENSWEISHEITEN ZUM NACHDENKEN

Mit Fotografien des Autors

Thomas Haas

Impressum

Bibliografische Information der Deutschen Nationalbibliothek:
Die Deutsche Nationalbibliothek verzeichnet diese Publikation
in der Deutschen Nationalbibliografie; detaillierte
bibliografische Daten sind im Internet über http://dnb.dnb.de
abrufbar.

2. Auflage © 2025 Thomas Haas

Verlag: BoD · Books on Demand GmbH, In de Tarpen 42,
22848 Norderstedt, bod@bod.de
Druck: Libri Plureos GmbH, Friedensallee 273,
22763 Hamburg

ISBN: 978-3-7557-3749-0

Sicherlich denken Sie: Woher kommt dieser Titel?

Der Ursprung reicht weit in meine Schulzeit zurück. Bereits in der zweiten Klasse gab es im Schulsport Noten. Ich als kleiner, pummeliger Siebenjähriger stand regelmäßig vor den meterhohen Metallstangen. Hier soll ich hochklettern? Der Wille war da - nur nicht die Kraft! Schon nach zehn Zentimeter über dem Boden gab ich auf. Und der Lohn dafür: Die Note 5. Warum eigentlich keine 6? Egal - das Ende vom Lied war, dass ich resignierte und regelmäßig den Schulsport schwänzte:
immer MONTAGS, die letzte Schulstunde...

So entstand dieser Buchtitel.

Hier noch ein paar weitere Anekdoten aus meiner Schulzeit:
Das Fach Musik. Im „rhythmischen Klatschen" bekam ich ebenfalls und regelmäßig die Note 5. Ich konnte einfach den Takt nicht erkennen, den der Lehrer vorklatschte. Vielleicht hat er falsch geklatscht und ich bin doch musikalisch hochbegabt?

Dann war da noch das Fach Werken. Der Laubsägebogen machte nie das, was ich wollte. Ebenso wenig die Tonmännchen... Wenn ich diese mit Picasso signiert hätte, würden die Leute heute noch ein Vermögen dafür bezahlen. Ich bekam leider auch hier nur die Note 5 dafür.

Dies hat sich dann bis zur 5. Klasse so durchgezogen. An einem Elternabend wurde meinem Vater nahegelegt, mich auf die Sonderschule zu schicken. Vielleicht weil ich „etwas Besonderes" war?
Danke an meinen Vater, der an mich geglaubt und diesen Schritt verhindert hat.

Egal, trotz unseres ungerechten Schulsystems ist aus mir etwas geworden. Heute arbeite ich als erfolgreicher Außendienstler im Vertrieb.

Im Laufe der Jahre habe ich begonnen, diverse Sprüche und Lebensweisheiten zu sammeln und diese „buchstäblich" in meinen Alltag zu integrieren.

In diesem Büchlein habe ich die besten Sprüche zusammengeschrieben und meine Lieblingsfotos hinzugefügt.

Es handelt sich um eine Sammlung von Zitaten etc., die ich irgendwann, irgendwo einmal gehört habe. Daher gibt es keine Quellenangabe auf den Urheber.

Viel Spaß beim Lesen und Nachdenken.

Thomas Haas

Mein Lieblingsspruch:

Wer aufhört besser zu werden, hat aufgehört gut zu sein!

Und welche Aussage ich
am meisten hasse?

Ja, aber....

**Gehe mit der Zeit,
sonst gehst Du mit der Zeit.**

**Am Ende wird alles gut.
Und wenn es nicht gut ist,
ist es noch nicht das Ende!**

**Willst Du jeden Tag in Deinem
Leben den gleichen Tag
erleben?**

**Nur wer selber brennt,
kann andere entflammen...!**

Denn HEUTE ist MORGEN schon GESTERN...

Lieber: Ole, ole, ole

statt: Oh je, oh je, oh je...

**Willst Du ein Problem lösen?
Dann löse Dich von dem
Problem!**

Wie will ich jemanden überholen, wenn ich in dessen Fußstapfen trete?

**Love it,
Change it
or Leave it**

Um das Spiel des Lebens zu gewinnen, musst Du erstmal mitspielen...

Auch ein Hamsterrad sieht von innen aus wie eine Karriereleiter.

**Es ist keine Partnerschaft,
in der nur ein Partner schafft.**

Wenn ich mit meinem Latein am Ende bin?
Dann lerne ich halt französisch!

Ich jammerte, weil ich keine Schuhe hatte – dann sah ich einen, der hatte keine Beine!

**Du kannst die Welt
nicht verändern,
aber DICH!**

Beerdigt mit 80 Jahren, aber der Geist ist bereits mit 30 verstorben.

Ich bin Key Account Manager, kein „Key Account alles selber macher"!

**Weil einfach
einfach
einfach ist.**

Wenn wir jung sind, opfern
wir unsere Gesundheit für Geld.
Wenn wir alt sind, opfern wir
unser Geld für Gesundheit.

Spielregeln sind dazu da,
dass man Sie bricht!

**Alle sagten: Das geht nicht!
Dann kam einer, der wusste das
nicht und hat es einfach getan!**

Du kennst die Ziele Deines Lebens

**aber:
kennst Du Dein Lebensziel?**

**Träume nicht Dein Leben,
sondern lebe Deinen Traum!**

Eine Idee funktioniert erst dann, wenn man sie umsetzt.

Irgendwann ist Jetzt!

Erfolg hat 3 Buchstaben:

T U N

**Wer nur zurückschaut,
kann nicht sehen,
was auf ihn zukommt!**

**Nur wer gegen den Strom
schwimmt,
kommt zur Quelle.**

**Schon die alten Indianer sagten:
wenn dein Pferd tot ist,
steig ab!**

**Nur wer sein Ziel kennt,
findet den Weg!**

**Wer kein Ziel hat,
kann auch keines erreichen!**

**Wer kämpft, kann verlieren.
Wer nicht kämpft,
hat schon verloren!**

**Leben ist da,
wo Du noch nicht warst.
Alles andere ist
Wiederholung.....!**

Auch mit Gegenwind kommt man weiter…!

Du wirst als Unikat geboren, stirbst aber als Kopie!

**Du weisst nicht mehr,
wie Blumen duften,
kennst nur die Arbeit und das Schuften.
So geh'n sie hin die schönsten Jahre,
am Ende liegst Du auf der Bahre.
Und hinter Dir, da grinst der Tod:
„Kaputtgeschuftet – Vollidiot!"**

*Joachim Ringelnatz (deutscher Schriftsteller,
Kabarettist und Maler *1883 †1934)*

Raum für Ihre eigenen Notizen: